Colette Nic Aodha

Bainne Géar | Spoilt Milk

Rogha Dánta | Selected Poems

Arlen House

Bainne Géar ¦ Spoilt Milk

Foilsithe i 2015 ag
ARLEN HOUSE
42 Grange Abbey Road
Baldoyle, Dublin 13, Ireland
Fón/Facs: 00 353 86 8207617
Ríomhphost: arlenhouse@gmail.com
arlenhouse.blogspot.com

Dáileoirí idirnáisiúnta
SYRACUSE UNIVERSITY PRESS
621 Skytop Road, Suite 110
Syracuse, NY 13244–5290
Fón: 315–443–5534/Facs: 315–443–5545
Ríomhphost: supress@syr.edu
www.syracuseuniversitypress.syr.edu

ISBN 978–1–85132–153–7, bog
ISBN 978–1–85132–154–4, crua

Ealaín ¦ Colette Nic Aodha

These poems were originally published in the following journals/Foilsíodh cuid de na dánta sna hirisleabhair agus na nuachtáin seo a leannas: *Irish Pages, Poetry Ireland Review, Cyphers, Poetry Scotland, Cutting Teeth, Writing In The West, West 47, The Cúirt Journal, The Black Mountain Review, Divas!, Under The Beams, The Cork Literary Review, Comhar, Feasta, Lá, An Guth, Go nUige Seo* and in the school textbooks *Fonn 3* and *Maoin 3*.

Tá Arlen House buíoch de
Chlár na Leabhar Gaeilge
agus d'Fhoras na Gaeilge

Foras na Gaeilge

Bainne Géar ¦ Spoilt Milk

Clár ¦ Contents

Bainne Géar ¦ Spoilt Milk

HIGH TIDE

I am a harbour
I view beautiful oceanscapes
each day

as I peer
over the skins of boats
scattered on the beach.

You come adrift
at each high tide
scattering your debris,

I am safe
while water pulsates
in my veins.

Barr Taoide

Is cuan mé
feicim radharcanna áille na mara
chuile lá

is mé ag breathnú amach
thar chraiceann na gcurach
scaipthe ar an trá.

Tagann tú isteach
ar gach barra taoide
ag caitheamh smionagair uait,

níl aon chaill orm
fad is atá uisce
ag rith im chuisle.

Kiss!

I
don't
want
anything
from
you
except
companionship
from
time
to
time
and
perhaps
a
kiss!

Póg!

Nílim
ag
iarraidh
aon
rud
uait
seachas
do
chomhluadar
ó
am
go
chéile
agus
b'fhéidir
póg!

Hawk

As was his custom
he landed in the hen run;
this missile of doom,
diving in,
terrorising all before him.

Surprised
at how she gripped
the hawk between her knees,
and broke his neck;

as she often did with chickens.
This kestrel of our home
coming to the rescue
once more,
I still feel the feathers fall.

Seabhac

De nós aige
teacht i measc na gcearc,
diúracán an uafáis
ag tonnadh isteach
ar na créatúir bhídeacha.

Iontas orm
mar a fuair sí greim
ar an seabhac,
idir na cosa aici
is a mhuineál a bhris

mar a rinneadh go minic
is í ag briseadh mhuiníl na gcearc.
Pocaire gaoithe an tí
a bhí inti
is fós braithim cleití ag titim.

Secrets of Water

Down at the shore, birds,
blinded by the night,
flew in my face, Hitchcock-like.

They didn't look like sea birds,
land-frail, the whispering waves scared them.
Across the bay lights gleamed,

birds, frightened of the dark shore sky,
finally retreated, beckoned
by some invisible signal.

Alone on the beach
I listened
to the secrets of water.

Rúin na Farraige

Cois farraige anocht d'eitil éin,
dallta leis an oíche, i m'éadan,
ag bualadh m'aghaidhe lena sciatháin,
bhraith mé mar aisteoir Hitchcock.

Ní raibh an chuma orthu go raibh siad
cleachtaithe leis an muir,
iad ar strae go hiomlán,
chuir cogarnaíl na dtonnta faitíos orthu.

Trasna an chuain, lonraigh na soilse.
Faoi dheireadh d'aimsigh na héin a slí abhaile
ó nod éigin ón uisce. Liom féin ar an trá,
d'éisteas le rúin na farraige.

CLEANING

I threw out the old couch,
a table and chair
that had seen better days,
a shoe without a mate.

I dressed and made up,
burned
polished
fixed.

Everything in its box
or on a shelf.

nothing left to be sorted,
except myself.
I could not even attempt
to put any order on my own thoughts

until,
I threw you out
and bolted the door when you had gone.

Glantachán

Chaitheas amach seantolg

bord broite
cathaoir chráite
nuachtáin neamhléite
bróg gan chara.

Chóiríos ó bhun go barr
dhóigh mé
shnas mé
shocraigh mé.

Chuile shórt i mboscaí
nó ar sheilfeanna.

Gach rud socair
seachas mé féin.
Ní rabhas in ann
ord ná eagar
a chur ar mo chuid smaointe.

Go dtí
gur chaitheas tusa amach
is chuireas an doras faoi ghlas.

Autumn's Code

I have written my love on a leaf
and sent it in yesterday's wind,
its veins do not shape

what the heart feels it needed to say,
other words spoken,
other codes tapped.

I wonder if you can read what is unsaid?
Eagerly I await a response.
In my dreams I see a leaf on your doorstep,

you swept it away with autumn's excess.

Cód an Fhómhair

Tá an grá atá agam duit
breactha síos ar dhuilleog
a sheol mé ar ghaoth inné.

Ní hionann féith na bhfocal uirthi
is an rud atá scríofa ar mo chroí.

Abairtí eile ráite
códanna éagsúla ceapaithe.
Ní fheadar an féidir leat
an rud do-fheicthe a léamh?

Feicim duilleog ar leac do dhorais
a scuabann tú amach
le hiomarca an fhómhair.

She Sold Soap-on-a-Rope

Avon girls are catalogue glossy
Avon girls cover lips in pink
Avon girls sell soap-on-a-rope to kids.

Avon girls are blonde, not brunette
Avon girls carry transparent make-up bags
Avon girls have everything in five shades.

Sometimes Avon girls give presents
to non-Avon friends
in fact I'd say Avon was making a comeback.

Avon girls always moisturise
Avon girls use three-in-one sticks
Avon girls get lots of free pens.

Avon girls don't need Weight Watchers
Avon girls are always size ten
Avon girls get off on mail ordering.

Yesterday an Avon girl asked me if I wanted
anything. She handed me a brochure.
'Everything', I said, 'I need everything'.

Gallúnach-ar-Rópa

Cailíní Avon, chomh snasta le catalóg –
caitheann siad béaldath bándearg:
díolann cailíní Avon, gallúnach-ar-rópa le gasúir.

Cailíní Avon, dath fionn ar a gcuid gruaige,
malaí smidithe trédhearcacha acu:
ag cailíní Avon cúig dathanna éagsúla ar gach sórt.

Craiceann an-bhog ag cailíní Avon,
gach rud i mbuidéal amháin:
tagann na pinn in aisce go rialta chucu.

Ní bhacann siad le Weight Watchers –
tomhas a deich i gcónaí:
is breá le cailíní Avon post-trácht.

Uaireanta tugann cailíní Avon bronntanais
do ghirseacha nach cailíní Avon iad:
déarfainn go bhfuil Avon ar an tslí ar ais arís!

Inné d'fhiafraigh cailín Avon díom –
'ar mhaith leat rud ar bith?'
Is dúirt go raibh chuile rud uaim.

DERRANE

He wrought poems from stones,
cliffs,
the ocean
and mainland.

From large towns,
city centres,
youth
and old age.

From limestone,
Christmas,
night,
the strand.

He startled me.

An Direánach

Bhain sé filíocht as na clocha
as na hailte
as an bhfarraige
as an mórthír

as an mbaile mór
as lár na cathrach
as na seandaoine
as an óige

as an aoldath
as an Nollaig
as an oíche
as an trá

Bhain sé geit asam.

Autumn is Death

Today I buried you
beneath a carpet of wet leaves
patterned with twigs.

Autumn is death,
a lone magpie sung your requiem,
three stray dogs sped past.

Several strangers spoke to me
without seeking reply,
tree torsos towered all around,

still as mourners.
Sunbeams tried to melt the silence –
persisted until twilight.

Wet-earth odours
breathe a taste in my mouth,
love, a well rotted compost.

Bás Fómhair

Chuireas faoin bhfód inniu thú
faoi bhrat duilleog fliuch
gréasaithe le craobhóga.

Bás fómhair.
Chan snag breac aonair
d'aifreann éagnairce;

rith madra ar strac tharam.
Labhair cúpla coimhthíoch liom,
níor fhanadar le freagra.

Cabhlacha crann mar a bheadh
túir im thimpeall, iad chomh socair
le caointeoirí; rinne ga gréine

iarracht an ciúnas a leá, níor staon sí
go huair an chlapsholais.
Domlas cré im bhéal,
d'iompaigh do ghrá ina mhúirín.

Prodigal

Years ago he emigrated,
east when everyone else went west
to the States or south to Australia.

Oddly enough for a prodigal son
he moved to the 'Land of Milk and Honey',
he found his honey there and they married.

With two sons and two daughters,
settled on the banks of Lake Galilee
where there is more to contend with than honey;
suicide bombers, illegal incursions.

He wishes to return to his homeland
in the west of this island
and put down roots, west of the Shannon.

Mac Drabhlásach

Blianta ó shin chuaigh sé ar imirce
soir nuair a chuaigh chuile dhuine eile siar
go Meiriceá nó ó dheas go dtí an Astráil.

Aisteach go leor, do mhac drabhlásach,
chuaigh go dtí an tír faoi mhil agus faoi bhláth.
Fuair sé mil ann is phós sé í.

Bhí ceathrar clainne acu
is tá siad ag cur fúthu ar bhruach
Loch Ghalailí.

Tá níos mó ná mil acu faoi láthair
tá buamadóirí dúnmharfóra ann
is sciuirdeanna mídhleathacha.

Ba mhian leis filleadh ar ais
go hiarthar na tíre seo
agus cur faoi ar bhruach na Sionainne.

Sorcerer

He, who intoned
not song or poems
but doom itself

or so it seemed,
his words
I can't erase.

They grip
with ivy intent,
not a vein escapes.

Asarlaí

Eisean
ní chanann sé
filíocht ná amhráin
ach an chinniúint féin

ní fhéadfainn fáil réidh
lena chuid focal.
Greim eidhneáin
aige orm

tugaim an t-anam liom –
ar éigean.

Bridget

When I saw the imprint of her knees,
the shape of her head on stone,
blessed myself where the track

of her eye carved a font
near the crack on the rock that split
beneath her master's whip,

I almost believed.
The hawker's van opposite
peddled beads and medals,

gaudy pilgrim prizes grabbed,
false gods exchanged,
on this the first of February.

The heavens opened as I left.

Bríd

Nuair a chonaic mé lorg a glúine,
cruth a cloiginn ar an gcloch,
agus comhartha na croise á dhéanamh

taobh leis an áit ar ghearr rian a súile
umar uisce choisricthe ar an gcarraig
a scoilt faoi lasc fuipe a máistir,

is beag nár chreid mé.
Díoladh paidríní is boinn bheannaithe
ó charbhán mangaire ar an taobh eile

den bhóthar.
Rug oilithrigh ar chuimhneacháin spiagaí,
malartaíodh déithe bréige

ar an gcéad lá d'Fheabhra.
Las tintreach is toirneach an spéir
is mé ag fágáil na háite.

Cry of the Mountain

When mountains cried
its tears were rivers;
a cold-hearted sister sprung glaciers

which could not outflow
the volumes of tears
that meandered as they matured;

shedding the odd oxbow lake
in old age,
that it cast aside like loneliness;

guided by the birds of the moon,
in its infirmity it moved slowly
only to converge with offspring

where the sea's petticoat skirts the shore.

GOL AN TSLÉIBHE

Nuair a thosaigh an sliabh ag gol
b'abhainn na deora
gaolta leis an oighearshruth
a thit ó chroí crua a deirféar.

Uisce sreabháin ina shruth idir chíocha
mar eas le fána an tsléibhe
ag lorg foinse nó b'fhéidir
ag éalú uaidh.

Coimeádtar chuile ní faoi cheilt
gach sórt seod ina grinneall,
tagann na craobhacha éagsúla le chéile
áit a sciortálann fo-ghúna lása
na farraige an trá.

Knock

Barely twenty miles from home
but it was a holiday for us
a trip to Knock.

We held competitions as to who
would see the statues first,
the white ones on the chapel gable.

There wasn't much space in the 'Morris'
but the eight of us couldn't care less,
sitting on one another's knees.

We spent our fifty pence
on the sparkliest rosary beads
or a Virgin who snowed.

On our way home with gifts for granny
we listened to tales of our neighbour,
who was Monsignor there.

Years later he was on the *Late Late,*
accused of building a white elephant
beside our home.

Cnoc Mhuire

Fiche míle ar éigean ónár dteach
ach ba laethanta saoire dúinne
turas go Cnoc Mhuire.

Comórtas eadrainn cé a d'fheicfeadh
na deilbh ar dtús, na cinn bhána
a bhí ag binn an tseanséipéil.

Ní raibh mórán spáis sa 'Mhorris'
ach ba ríchuma leis an ochtar againn –
ar ghlúine a chéile a mhaireamar.

Chaitheamar ár gcaoga pingin
ar an bpaidrín ba dheise nó ar Mhaighdean
a gheall sneachta.

Ag dul abhaile le bronntanas dár máthair mhór,
ag éisteacht le scéalta faoi chomharsa
a bhí ina Mhoinsíneoir ann.

Blianta ina dhiaidh sin bhíodh trácht air sna meáin
mar dhuine a thóg eilifint bhán
taobh linn.

Well

Let me sit beside you,
cold comfort in your company.

You are deep, certainly,
I see eels swim within your walls,

yet I adore your water,
heeded no warning,

oblivious to each peril.
You, the centre of pagan ceremony,

the old faith,
more ancient than Christ,

let me drink from your waters.

Tobar

Ba mhian liom suí taobh leat
id chomhluadar fuar suaimhneach.
Tú domhain, diamhair,
feicim eascann ag snámh ionat.

Fós, is aoibhinn liom d'uiscí,
níor bhac mé le haon fhógra,
bhíos díonta ar chuile chontúirt.
Ba mhinic tú lárnach

ag searmanas págánach.
Is tú an seanchreideamh –
níos sine ná Críost.
lig dom ól asat.

Without Breakfast

Food was forbidden
Sunday morning,
reluctantly we arose
at eight o'clock.

Shoes were polished,
laces tied, everyone bathed
since the previous night.
We suffered all types of torture

for Our Saviour.
Images flash on our TV screens;
starving babies and children,
in our midst, diseased and dying,
none of whom are going to mass.

Gan Bhricfeasta

Bhíodh cosc ar ithe
maidin Domhnaigh
inár suí dúinn go mífhonnmhar
ag a hocht.

Chuirtí snas ar bhróga,
cheanglaítí iallacha,
folcadh an oíche roimhe:
d'fhulaingíodh muid gach cineál

don Slánaitheoir.
Preabann íomhánna ar an scáileán
os ár gcomhair. Leanaí óga.
Easpa bia.

Ní ag triall ar aifreann atá siad.

THE NIGHT IAN CRICHTON SMITH CAME TO GALWAY

His life was a ballad,
singing the night away.
I'm not quite sure what stole
the light from his eyes
but it kindled the flames in him.

He had the impetuousness of a redhead;
never went awry, white stick in hand,
a lifelong learner in the modern sense,
he would recite past midnight

and never lost courage to fight the good fight.
But his heart failed the night his countryman,
Ian Crichton Smith, came to town,
left Old Mervue without its soul.

Oíche a Raibh Iain Mac a' Ghobhainn i nGaillimh

Ba bhailéad a shaol,
cheol sé chuile oíche
níl a fhios agam céard a bhain
solas na súl de, ach las sé tine ann.

Beocht an duine rua aige
ní dheachaigh sé ar strae,
greim aige ar a chamóg bhán
níor stad sé ag foghlaim.

Ag canadh go lár na hoíche
riamh níor chaill sé misneach
ash theip an croí air oíche a raibh
Iain mac a' Ghobhainn i nGaillimh.

D'imigh an t-anam as Radharc na Mara.

Flow

Clad in armour,
I take my sword
and make my mark.

For months I have battled,
unarmed,
after inflicting a few wounds

on this virgin page,
blue blood trickles,
increases to a steady flow,

I cast off my armour.

Sruth

Gléasta in arm is in éide,
nochtaím claíomh,
fágaim lorg mo láimhe
ar leathanach bán.

Le ráithe anuas,
mé ag dul chun catha
gan culaith ghaisce orm.
th'éis cúpla créacht a ghearradh

ar an bhfásach seo
sileann fuil ghorm,
a fhásann ina sruth.
Caithim uaim mo chulaith chatha.

On Opening a Book

On this open page I am going to fold
and weave all thoughts of you
from my head.

I feel the drain run blue with ink,
words intertwine and sink together.

you have never even opened the book,
let alone seen the page.

Ar Oscailt an Leabhair Seo

Ar oscailt an leabhair seo
chuireas gach íomhá díot
as mo chloigeann ar pár.

Caillte i measc an chló atá tú.
D'airíos an dúch ag imeacht uaim,
ag doirteadh amach ar an leathanach.

Riamh, níor oscail tú an leabhar fiú
gan bacadh leis an leathanach a léamh.

XIAN

Seven thousand terracotta soldiers hold secrets
two thousand two hundred years old.
When the icons were unearthed

they began to mould. A gangrenous moss
gnaws at their limbs.
How many fell at their feet of clay?

What percentage of their body matter
is the decomposed bone of their foe?
Belgian experts are called upon

to nip forty types of fungi at the root-tip,
'It is difficult to kill all of the species …
without professional help', a spokesman said

of terracotta soldiers who are their own worst enemy.
Better they be left with an overcoat of soil
like the rest of their dead.

Xian

Tá rúin ag seacht míle saighdiúir crébhrúite
le breis is dhá mhíle bliain.
Nuair a nochtaíodh ar dtús iad,
thosaigh caonach ag creimeadh a ngéag.

Cé mhéad duine a thit rompu
is iad i mbarr réime?
Cén chuid dá gcorp féin
cnámha dianscaoilte a namhad?

Tagann saineolaí ón mBeilg chun deireadh a chur
le ceathracha cineál fungas éagsúil.
Tá sé deacair deireadh a chur leo ar fad
gan cabhair phroifisiúnta a fháil,

a dúirt urlabhraí faoi shaighdiúirí crébhrúite
atá ag déanamh níos mó dochair dóibh féin
ná aon neach eile, na laethanta seo.
Ba chóir iad a fhágáil faoin bhfód

áit a bhfuil na créatúir eile a sceimhligh siad.

Yew

We planted you,
zenith of our relationship,
in our mother's garden.

She admired at first,
then doubted,
fearing the vengeance
of her spouse

who would blame deaths
of hinterland animals
on your innocent, red fruit;
she also blasphemed your berries.

Removed your sovereign body
from its once comfortable cot.
You, brown and troubled,
were fostered by our friends.

Your tender velvetiness disturbed
you lost your will to live.
Our union faded
two seasons later.

Eo

Chuireamar tusa, an eo,
buaic ár gcumainn,
i measc bláthanna is spíonta
i ngarraí mo mháthar.

Ar dtús, bhreathnaigh sí
le haoibhneas ort;
ansin bhí amhras uirthi,
faitíosach roimh a céile

a leagfadh milleán faoi
bhás ainmhithe
ar do thorthaí neamhurchóideacha;
bhog sí do chorp ceannasach

ón gcliathán compordach,
dath donn ort, tú buartha,
ár gcairde mar altramaithe agat,
do veilbhit mhín, suaite.

Chaill tú misneach,
theip ar do shláinte;
scar mise is mo chéile
an geimhreadh céanna.

Vision

Clouds hover overhead,
their black shapes compliment bare trees,
a cow stands near a leafless trunk

nearby, a woman nurses an infant.
A man looks in her direction,
bottle close to his hand,

fingers curled around a rake.
He does not work.
Another farmer participates

in the act of husbandry,
drives a hoe deep into the soil.
A girl holds an empty pitcher

upside down. She stares at a boy,
who is otherwise employed
next to his sheepdog

that seems to have shepherded
this company together.
The sky darkens.

Fís

Scamaill ar foluain sa spéir,
comhlánaíonn a gcruthanna dubha
creatlaigh na gcrann gan duilliúr.
Seasann bó taobh le stoc beithe,

gar di, tugann bean cíoch do leanbh.
Breathnaíonn fear ina treo,
buidéal dí in aice láimhe aige,
cornann sé a lámh thar ráca,

ach níl sé ag obair.
Brúnn feirmeoir grafóg
tríd an ithir. Tá corcán folamh
i lámh cailín, é bun os cionn aici.

Tá sí ag stánadh ar bhuachaill
a sheasann taobh lena mhadra caorach
atá ag tabhairt le fios gurbh é a threoraigh
an comhluadar seo le chéile.

Career Change

It took twelve hours tearing through waves
before we reached the porcupine bank,
forging our mark with fish nets.

At the age of seventy eight
I decided on a job change and left
trawling to the younger ones.

I've been taxi driving ever since,
do you see those horses and traps?
They think the road is theirs alone.

Born in the village
a stone's throw from the poet
that made limestone sing,

you would often see him walk the shore,
his broad back making an obtuse angle
with the horizon, a heron his silent audience.

For six generations we have hoarded the stones
of this rectangular patch, soil so shallow
beneath us even words couldn't take root.

We farmed our bodies out to the sea,
arms outstretched, venturing to reap a crop
each night we travelled out to foreign banks.

Athrú Gairme

Thógadh sé dhá uair déag orainn,
ar luas na gaoithe,
oitreacha Thalamh an Éisc a aimsiú,
áit a gcuirimis líonta.

In aois a seachtó a hocht
shocraigh mé ar athrú gairme,
d'fhágas an trálaeireacht don óige,
tiomáinim tacsaí ó shin.

Féach ar an diabhal capaill agus cairte
shílfeá gur leis amháin an bóthar.
Is as Baile an tSrutháin mé,
béal dorais le Ó Direáin,

fear a bhain amhráin as na clocha.
Chonacthas é ag siúl ar an trá,
a dhroim leathan ag déanamh géaruilinn
leis an léaslíne, corr éisc mar lucht éisteachta aige.

Sé glúine siar a ghabhann muid,
ag faire ar an leadhb thalún
chlochach s'againne.

Crescent Smile

Your open mouth
displays a central *mant*
or gap where the missing tooth

once sat in state, you fretted
at the thought,
didn't matter that the process

was natural, you couldn't
get to grips
with the impending loss.

It happened during *Sponge Bob*
Square Pants so it barely registered.
By that night

you had conquered the notion,
accustomed to a new whistle,
I spied that crescent smile

return, I examined your face
upside down on the pillow,
my womb felt used to your sleep.

Ceathrú Gealaí

Cím mant id bhéal oscailte,
áit as ar thit fiacal amach.
Sular tharla sé ar chor ar bith
bhí tú thar a bheith buartha faoi,

cuma leat má tharlaíonn
a leithéid gach uile lá.
Más riail nádúir féin é
ní thiocfadh leat dul i ngleic leis.

Ós rud é gur thit sé amach
fad is a bhí tú ag breathnú
ar *Sponge Bob Square Pants*
ba bheag nár thug tú aon ní faoi deara.

Fén am a ndeachaigh tú a chodladh
bhí tú cleachtaithe le feadaíl nua.
Is tú faoi shuan,
scrúdaigh mé d'aghaidh

bun os cionn ar an adhairt,
leath meangadh ceathrú gealaí
ar do bhéal,
mhothaigh mé é im bhroinn.

Swallows

A swallow line on telephone wire,
strokes of Payne's grey,
vertical daubs

wait to fly south
under the wing of their patron
who has just painted in

this ochre sunshine.
Their feet tap telegraphs
to southern cousins.

I travel east
feel a blast of coolness,
icicles of mistrust,

stalactites
in the cave of my mind.
I emerge into opposite light.

Fáinleoga

Fáinleoga ar líne teileafóin
mar a bheadh rian scuaibe
de phéint liath ann ó mhórealaíontóir,

iad ag feitheamh
don turas ó dheas faoi scáth a máistir

atá díreach tar éis
an ghrian a tharraingt isteach.

Ag dul soir
airím gaoth fhuar,
easpa muiníne

mar reoiteoga ionam.
Éiríonn an lá níos gile.

After Beheading his Brother

Over Charles' Bridge
to the church that housed
the city's most famous infant;

small-sized, made of gold,
elaborate outfits frilled his body,
changed every few hours.

I knelt before his altar,
begged him to remove the curse
placed on me after I beheaded

his badly-dressed brother
that rested on my mother's mantle piece
thirty years hence.

Buying beads and a miniature twin
as reparation,
I prayed for his indulgence.

Tar Éis an Cloigeann a Bhaint dá Dheartháir

Thar dhroichead Shéarlais
chuig an eaglais
inar luigh an naíonán is clúití ar bith.

Beag bídeach, déanta as ór;
gléasta i ngach sórt rúfaí,
aistríodh a chulaith chuile chúpla uair.

Chuaigh mé ar mo ghlúine os comhair a altóra.
Ba é mo ghuí ná go mbainfeadh sé an mhallacht díom
a cuireadh orm nuair a bhain mé an cloigeann

dá dheartháir a bhí ar mhatal mo mháthar
tríocha éigin bliain ó shin. Cheannaíos paidrín
is leathchúpla leis mar chúiteamh.

Exposition

When I reached her studio
my thoughts were abstracted
by shapes that matched and unmatched.

Like a veil being lifted, images,
shrouded in previous conversations, unfolded.
Curves inside curves, circles unpeeling.

Musicians laughed purple notes,
babies gestated in external wombs,
angels fell, drinkers held their glasses

in the crooks of their arms.
No one had legs, I felt trapped.
All colours looked orange,

I could tasted the sun.
That evening I folded into a foetal position
and dreamt of those eyeless visages.

Taispeántas

Nuair a shroich mé a stiúideo
chuir na cruthanna is na dathanna
cosc ar mo chuid smaointe.

léiríodh comhráite a bhí eadrainn cheana,
tháinig chuile ní chun solais
mar a bhainfí púicín díot.

Ciorcail laistigh de chiorcail,
rinne ceoltóir gáire,
nótaí corcra ag sileadh,

na broinnte uilig lasmuigh
is naíonáin ag fás iontu.
Thit aingil, gach éinne gan chosa,

bhraith mé an daoirse.
Deochanna na ndaoine
i lúb a n-uillinne acu,

cuma sórt oráiste ar gach ní,
bhlais mé an ghrian,
chrom mé mo chorp is chodail mé.

Chuir na haghaidheanna gan súile isteach ar mo chodladh.

Twins

You wouldn't believe it –
thirty yards before lunch,
not another break
until nearly eight
when you could see the sun
cast a shadow on Old Browne's Bog.

Mark me this,
not a sod went to waste,
unlike what was machine-cut.
Some men with a *sleán*
those twins;
the last time I saw them –
knee-high to a grasshopper.

CÚPLA

Ní chreidfeá é –
tríocha slat roimh lón
gan briseadh eile acu
go dtí a hocht

nuair a d'fheicfeá
an ghrian ag dul faoi,
ag caitheamh a scátha
ar sheanphortach De Brún.

Cogar,
ní dheachaigh fód amú,
murab ionann
is leis an diabhal innill úd.

Fir dhiongbháilte iad le sleáin,
an uair dheireanach
a chonaic mé iad,
bhíodar sa chliabhán.

Spoilt Milk

Gentle words that escaped
from her well-shaped mouth,
they stopped somewhere between us both.

Words dressed in Halloween garb
had fangs that could shred meat
instead of teeth,

dark cloaks over their shoulders,
black dress, faces without eyes
without lips, unable to smile,

ancient hands
with long bony fingers,
arms with knives raised.

These words
had innumerable hooves,
sour milk in their breasts.

Bainne Géar

Na focail lácha a d'éalaigh
as a béal binn, stop
siad áit éigin eadrainn.

Chuir siad feisteas uafáis orthu féin;
fiacla fada ina mbéil a d'fhéadfadh
craiceann is feoil a stróiceadh,

clócaí dorcha thar a nguaillí
gúnaí dubha, aghaidheanna gan súile
gan bheola, gan cumas acu gáire

a dhéanamh, lámha críonna
le méara fada liatha,
lámha le sceana in airde,

an méid sin crúb ag na focail
iad thar chomhaireamh –
bainne géar ina gcíocha.

Flyfishing

Soft as an insect's wing on water
your line flutters,
flies wear a clever disguise,
home-made copper wire coils

around plumes of varied hue.
My hands too clumsy to trace
any such delicacies.
Your nimble fingers, keen intellect

trawls through my responses
as you set your bait,
wait for the bite,
time is on your side.

FLAIDIREACHT

Chomh bog le sciathán feithide ar uisce
eitlíonn do dhorú,
cuireann cuileoga bréagriocht cliste
orthu féin, corntar sreang copair

timpeall clúimh ildaite.
Teipeann ar mo lámha anásta
aon cheo cosúil leo a chruthú.
Méaracha luaineacha,

intinn ghéar
ag trálaeireacht tríd mo chuid freagraí
fad is a shocraíonn tú do bhaoite,
gach uile rud ina am féin.

Beneath Beckett Centenary Flags

In the heart of the city
I revisited places
that we frequented;
happened on them by accident

as I wandered the streets.
Walking aimlessly
under flags of Beckett's centenary,
I saw the restaurant

where we shared our first meal;
I felt full, Across the street
stood the pub we visited
after separating from the crowd.

Further down the road
the café where we ate
after spending the night,
your skin touching mine.

Last night, city centre,
I wore the dress
that I had on when we met;
sprigs of flowers

peppered the fabric.
I left the hotel
and retraced our steps;
visited old haunts,

newly rediscovered;
drank the same drink,
ate the same food,
across from me an empty chair;

BRATACHA *BECKETT* AR FOLUAIN

I gcroílár na cathrach
tháinig mé chuig na háiteanna
inar chaitheamar am fadó
tháinig mé orthu de thimpiste,

gan fios an bhealaigh agam,
ar dtús
mé faoi bhratacha *Beckett 100*
chonaic go tobann an bhialann

inar itheamar an chéad oíche,
mhothaigh mé lán.
Trasna na sráide bhí an tábhairne
ina rabhamar nuair a scaramar

ón slua, thíos píosa bhí an caifé
mar a rabhamar an tráthnóna dár gcionn
tar éis oíche a chaitheamh le chéile
oíche agus tú i do luí taobh liom

craiceann le craiceann.
Aréir i gcroílár na cathrach
chuir mé an gúna orm
a chaith mé nuair a bhuail mé leat

an chéad uair, bláthanna ag fás air,
d'fhág mé an teach ósta
agus shiúil mé síos
go dtí na háiteanna

inar chaitheamar am
na háiteanna a bhí díreach
aimsithe agam arís
shuigh mé ar an suíochán

jug, half-full,
red rose in a vase,
blinds drawn, doors shut,
black candle aflame.

céanna, d'ól mé an deoch chéanna,
d'ith mé an bia céanna,
trasna uaim bhí cathaoir fholamh
crúiscín leathlán

rós dearg i mbláthchuach
dallóga síos
doras iata
coinnle dubha lasta.

MINORITY LANGUAGES

It was our first encounter
and our last.
Seeing her helpless shape
I went out of my way to praise.

She startled, shocked I knew her name
or maybe that I read
and spoke a minority language;
and if I did, was anyway keen on verse.

Taking her frail hand, I didn't shake it
in case it might break,
amazed that great verse emanates
from such a fragile face, body crooked with age.

Greater poets spilled out and in
but I rested all of my interest with her
until another eager fan took my place.
Yesterday her words froze on her lips

never reaching her fingers.

MIONTEANGACHA

Ba é an chéad uair a bhuaileamar le chéile,
is an uair dheireanach mar a tharla.
Nuair ba léir cé chomh lag is a bhí sí
chuaigh mé as mo bhealach
chun moladh a thabhairt di.

Iontas uirthi go raibh a hainm
ar eolas agam, gur léigh is gur labhair mé
an mhiontcanga inar scríobh sí
agus iad léite fiú go raibh puinn suime agam
ina cuid véarsaíochta.

A lámh im lámh, níor chroith mé í
ar eagla go mbrisfinn cnámh,
mé ag déanamh iontais as filíocht ag teacht
ó chorp chomh críonna, cam le haois.
Saoithe níos clúití ná í

ag teacht is ag imeacht
ach inti amháin a bhí iomlán mo chuid spéise
go dtí gur ghlac duine dá lucht leanúna m'áit.
Inné reoigh a cuid focal ar a béal,
theip orthu dul chomh fada lena méara.

Boxer

I love Nelly,
I like watching her dig,
she is fun to play with,
better than a Medabot

Beyblade or baby brother.
Sometimes I sit on her back
or she rolls over
and lets me tickle her belly.

Floppy ears flap
when I tell my secrets,
she does not digivolve
or have a rookie form;

she battles the wheels of cars.
White and brown
Daddy calls her a boxer
but Nelly is cooler than Rocky.

Bocsaeir

Is grá liom Nelly
is breá liom í ag tochailt
is mé ag spraoi léi,
í níos fearr ná *Medabot*

Beyblade ná leanbh nua.
Uaireanta suím ar a droim
nó casann sí thart
is cuimlím a bolg di,

a cluasa móra ag flapáil
nuair a insím mo chuid rún di.
Ní athraíonn sí pioc
nó ní bhíonn cruth éigin eile uirthi.

Í ag troid le rothaí an chairr,
dath donn agus bán,
glaonn Daidí bocsaeir uirthi
ach í níos mó *cool* ná Rocky féin.

A Curse on Those who Harassed Me at Work

A curse on those who harassed me at work
on their next bite may they choke,
may their every phone call be a hoax,
may they need an undertaker and a priest
before ned midsummer feast,
may someone forget to pay Charon,
their flesh and blood be rat infested carrion.

May their every effort end in failure,
unreasonable, dysfunctional, uncouth harasser,
may their every cup fall from the dresser,
their every bicycle be without mud-splasher.
Each time they go for a stroll
may they end up eye-deep in a pothole.
May each month see them up the duff,
their every golden thing turn to fluff,
oh! they who are full of poisonous stuff
may their ill-gotten gains go up in a smoking puff.
The curse of poets on their head
for every malicious word they said.

When I think of the threats they uttered
I wish their offspring permanently scattered,
each penny they earn that they may flutter,
and they unable to talk but stutter.
May every ill settle on their head
may they never rest easy in their bed
for my good name they stole
may they be eternally engulfed in a flaming black hole.
For all the sleepless nights they caused me
may they go completely crazy,
may their only visitor be a flea
and he to bring his extended family.
Be they bad minded, jealous or malefactors
this poet never forgets her detractors.

Marbhfháisc Orthu Siúd a Chuir as Dom is Mé ag Obair

Marbhfháisc orthu siúd a chuir as dom is mé ag obair
go dtactfaí iad ar a gcéad ghreim bia eile
nach mbeidh in aon ghlao fóin ach cur i gcéill
is go mbeidh adhlacóir is sagart ag teastáil go géar,
nach n-íocfaí as Charon nuair a bheidh a chuid ama istigh
is nach mbeidh fágtha díobh ach corpán leathite.

Go dteipfeadh ar gach ní a dhéanfaí,
A chláiríneach, mífheidhmiúil, olc, ancolach,
go dtitfidh na cupáin uilig ó do dhrisiúr
is go mbeidh gach rothar agat gan aer.
Aon uair a rachfá amach ag siúl
go dtitfeá i bpoll suas go dtí do thóin.

Go mbeidh tú ag iompar go míosúil
is go bpléascfadh gach ní luachmhar a bheidh agat.
Dóibh siúd atá lán le gach atá suarach
go ndófaí do chuid airgid i dtine chnámh,
mallacht na bhfilí ar bhur gcloigne
as gach rud gránna a shíleadar is a dúradar.

Nuair a smaoiním ar na bagairtí a rinneadh
ní ghlaoim aon rath ar a muirín
go gcaithfidís gach pingin a bheidh á saothrú acu
Go dtiocfadh gach uafás anuas orthu
nach mbeidh codladh compordach aon oíche acu
toisc gur bhain siad díom mo dhea-chlú
go ndófaí iad go deo i bpoll gan bhun.

Do gach uair a chaill mé codladh na hoíche
go rachfaidís glan as a meabhair
nach dtiocfadh duine ar cuairt orthu ach dreancaid
agus go dtabharfadh sé a chlann ar fad leis,
bíodh siad drochaigneach, éadmhar nó coireach
ní dhéanfaidh an file seo dearmad orthu.

REBIRTH

Menstrual blood this juice
that streams
as I halve a pomegranate
with sharp knife.

Womb split in two
I see life ebbing from it,
I peel the skin and cast it aside,
with it my own skin.

Underground souls eat my fruit;
all of the pomegranates,
so that they are renewed.
they live once again.

Athbheochan

Is fuil mhíosúil a sú
atá ag teacht go fras
nuair a roinnim
an phomagránait

le scian ghéar
broinn scoilte ina dhá leath
feicim an bheocht
ag imeacht

bainim an craiceann aisti
agus fágaim í
ar leataobh,
tá mo chraiceann féin leis.

Itheann na hanamacha
faoi thalamh mo thorthaí;
na pomagránaití uilig
ionas go dtiocfaidh siad ar ais,

is go mairfidh siad arís.

Kali

An Indian goddess
wrote your name on my heart
on the sixteenth day of November
you put a continent between us.

There were celebrations
in honour of Kali
who wears a necklace of skulls,
she took many of my bones,

stole my skeletal remains
each time you killed me with your absence,
lack of contact. After my burial Kali
would arrive without warning;

she ate my cold heart
on which your name was inscribed,
wore my skeleton around her neck,
raised four arms and put me back on earth;

my bones still her ornament,
your name on my heart.
I endure this torture
over and over and over again.

Kali

Scríobh bandia ón India
d'ainm ar mo chroí
sé mhí ó shin.

Ar an séú lá dhéag
de mhí na Samhna
chuir tú mór-roinn eadrainn,

bhí ceiliúradh in onóir Kali.
Caitheann Kali creatlacha
ina slabhra timpeall a muiníl.

Fuair sí neart cnámh uaimse;
ghoid sí mo chreatlach
chuile uair a chuir tú

chun báis mé led
dhíláithreachas, easpa teagmhála.
Uair a cuireadh mo chorp faoin bhfód

thagadh Kali is gan aon
súil léi; d'itheadh sí mo chroí fuar
led ainm scríofa air,

chuireadh sí mo chreatlach
timpeall uirthi ansin,
d'ardaíodh sí a ceithre lámha,

chuireadh sí ar ais ar talamh mé;
mo chreatlach fós uirthi,
d'ainm ar mo chroí.

Bíonn orm
dul tríd an gcroíbhriseadh
arís is arís is arís eile fós.

Fires of May

I attempt to interpret
the stars, the sky.

Soon the advent of May;
what part does the moon play

in events that will unfold.
I think of other festivals

Samhain, Lúnasa, Imbolc
but you, May, the festival of fire,

ignite a flame in his heart,
procure the heat of summer

and change it to love from him
to me. Fire is passion.

I wish to light a fire in the open air
and dance in circles around it.

Tinte Bealtaine

Triailim an scéal a léamh
sna réaltaí, sa spéir.

Bealtaine ag teacht
go gairid, cén bhaint

atá ag an ngealach
le pé rud

a thitfidh amach. Smaoiním
ar na féilte eile

Imbolc, Samhain, Lúnasa.
Ach tusa, Bealtaine, féile tine,

las tine ina chroí
faigh teas an tsamhraidh

agus déan grá as, domsa, uaidh.
Nach ionann tine agus grá, paisean,

teastaíonn uaim tine a lasadh lasmuigh
agus damhsa timpeall air.

Mass for the Dead

During his funeral mass
nothing to be heard
but the laughter of children
from the playground next door.

I felt a little ashamed
as I sat in a pew at the back
felt awkward that laughter
was possible

as you did suffer. I noticed
that there was a circle
of suffering about you,
around your blonde curly hair.

I looked once more
on your childlike appearance,
children's mirth spread from the schoolyard;
you can't put a limit on fun.

As you went up to receive,
I realised not long since
you were a school girl,
so similar in appearance and manner

to your parent in the coffin,
who was full of laughter.
I considered churches
in close proximity to schools,

there must be the same difficulty
at each summer funeral.
Church fills with prayers in Irish,
sweet on the ear.

Aifreann na Marbh

I rith Aifreann na Marbh
ní raibh le cloisteáil
ach gáire gasúir
ón scoil bhéal dorais.

Tháinig sórt náire orm
is mé ag bun an tséipéil,
náire orm gurbh fhéidir
gáire a dhéanamh

is tú ag fulaingt. Thug mé
faoi deara go raibh ciorcal
fulaingthe thart ort,
thart ar do ghruaig fhionn chatach.

D'fhéach mé arís ar d'éadan,
cuma an pháiste ort féin.
Leath an spraoi ón mbunscoil,
ní fhéadfá srian a chur ar scléip,

fiú nuair a bhíodh Mac Dé id bhéal.
Ní raibh sé chomh fada ó shin
ó bhí tú féin id naíonán,
chomh cosúil lena chéile tú féin

agus an té in aice leat sa chónra,
a bhíodh lán le spraoi an tsaoil.
Smaoinigh mé ar eaglaisí éagsúla
a bhíonn suite gar do scoileanna,

an fhadhb chéanna ag gach sochraid
ach amháin i lár an tsamhraidh.
Le déanaí táim cleachtach ar adhlacthaí.
Líonadh an séipéal le Gaeilge,
an urnaí is binne a chualathas riamh.

Reflection

On mirror water
Lir's children up tail,
nose down, looking for roots.
In the background

the cragged leftovers
of a crannóg
bears upright shoots
of no circumference.

I feel a feather-gaze,
meeting it I see
a thousand rings
in the eyes of a swan.

Frithchaitheamh

Ar scáthán uisce
tá páistí Lir,
tóin in airde,
ag cuartú fréamhacha.

Sa chúlra
fuílleach creigeach crannóige
gan imlíne ar bith ag a phéacáin
atá ina gcolgsheasamh.

Braithim amharc cleiteach orm,
ag iompú thart
feicim míle fáinne
i súile eala.

Holiday

At Surfers' Cove waves are tall white horses
winter strand is light mahogany,
three separate figures roam the beach.

Waterworld will reopen for Easter 02.
Walks on Ruggy Rocks,
one adult and three children.

Atlantic darkness
contrasts with warm sun,
I sit on a wet bench.

Listen to the laughter of my children
playing in the deserted park
on which periphery I wait.

Annual holiday delayed
by three penniless months,
we face many closed doors.

Fence posts on the green slope
of the horizon look out of place,
the sea knows no boundaries.

Saoire

Sa chuan seo tá caiple bána
ag teacht isteach
dath donnairgid ar an trá,

triúr éagsúil
ag siúl ar an ngaineamh.
Osclófar an linn snámha

arís do shaoire na Cásca
i gceann sé mhí, muid ag siúlóid
ar na carraigeacha,

an ghrian ag iarraidh teacht tríd.
Gan dóthain airgid agam
triall ar an Spáinn

ach bainimid sult
as ár seachtain i dTír Chonaill
cois trá.

Connection

In the shed, sparks sprinkle in half-flight;
metals, caught in a vice, melt together
in blue flashes that grate on your eyes.

I hold the other iron in place,
head turned anti-clockwise from burning
fireflies, slight hesitation, not too hot.

We watched the rod melt,
its intestines spread their fastening.
During intermissions we played ball-bearings,

gutter-bolts, empty tins, miscellaneous debris.
Called back to the bench by the man behind the shield,
work was our only chord in harmony.

COMHCHEANGAL

Sa bhothán taobh amuigh
leatheitlíonn na spréacha,
leánn na píosaí miotail
atá go daingean sa bhís.

Goilleann na bladhmanna ar a shúile,
greim agamsa ar an bpíosa eile
is é á dheisiú
Casaim mo cheann sa treo eile

ó na lampróga geala.
Feicim an tslat ag scaipeadh stéige,
miotalnascadh, sos againn,
muid ag spraoi le tairní,

boscaí folmha,
smionagar ilíochta. Glaoite ar ais
chuig an mbinse,
obair amháin a chomhcheangail muid.

Music Room
for Steve Cooney

Two pairs of feet on stage,
half are bare,
black shoes beating time,
music alive and kicking.

His lungs rise and fall,
Steve arrived on Shanks' mare
all the way from Australia
in order to music our lives.

Flying around this venue
there is music of word, of note,
of accordion and guitar,
music of the tight picking of strings

Music of the festival Imram.

Seomra Ceoil

for Steve Cooney

Dhá phéire cos ar ardán,
leath acu nocht,
bróga dubha ag bualadh adhmaid,
níl cosa an cheoil nite anocht;

a scamhóga ag ardú is ag ísliú,
tháinig Steve ar *Shanks' mare*
an turas ar fad ón Astráil
chun ceol a chur inár saol.

Ag eitilt timpeall na háite seo
tá ceol na bhfocal, ceol na nguthanna
ceol an bhosca is an ghiotáir
ceol na sreang á bplancadh go teann

ceol na féile Imram.

REFRAIN

Stay away from men
Praise be to God

Avoid alcohol at all costs
Through the mercy of Jesus we will find peace

Whatever else don't take up fags
The Saviour is near to hand

Say 'No' to all types of laziness
Glory be to the King of the Heavens

Give carnal urges and desire the red card
Praise be to Jesus Christ

Avoid lusting after men of your acquaintance
Shine Your light Lord on those of us who still sit in darkness

Let not a scurrilous remark fall from your lips
Send me your Spirit O Lord to guide and comfort me.

Ainteafan

Seachain na fir
Moladh le Dia

Seachain an t-ól
Tríd an tiarna is ea a bheidh bua agus glóir

Seachain na toitíní
Tar chugainn dár sábháil

Seachain ainmhian agus drúis
Móraigí an Tiarna ár nDia

Seachain fir ar m'aithne a shantú
Tabhair solas, a Dhia, dóibh siúd atá ina suí sa doircheacht

Seachain na focail fheanntacha a éalaíonn ó mo bhéal
Chuir chugam d'Eagna, a Thiarna,
chun go mbeidh sí ag cuidiú is ag comhoibriú liom.

Philosopher

for Cathal

He drew angels for me
between the lines;

a handsome fellow
who steered me through
dark passages.

He invented words
that explained
the past,

and advised me
to live
for future triumphs.

FEALSAMH

do Chathal

Tharraing sé aingeal dom;
idir na línte,
stócach d'fhear

ar thaitin leis
mé a stiúradh
tríd an doircheacht.

Chruthaigh sé focail dom
a mhínigh
an ré atá thart,

is a mhol dom
maireachtáil
san am atá le teacht.

La Fête des Morts

The boats traversing waves
are crossing from the Côte d'Azur
scattering thousands of flowers,

each flower bruised like my heart
which is in smithereens.
I see these island boats,

tonight on All Souls they celebrate
the deceased of Corsica.
The dead, I feel as if I'm amongst them

when they open vaults and tombs
to let in fresh air for the departed,
with thousands of candles aflame.

La Fête des Morts

Tá na báid ag teacht anonn
ón Côte d'Azur,
na mílte bláth á scaipeadh;

chuile bhláth ar nós mo chroí
atá briste brúite ina smidiríní.
Feicim na báid ón oileán seo,

anocht oíche a bhíonn ceiliúradh
dóibh siúd nach bhfuil fós beo sa Chorsaic.
Na mairbh, airím go bhfuilim ina measc

nuair a osclaítear na huaigheanna
chun aer a thabhairt dóibh,
nuair a lastar na mílte coinneal sa reilig.

WHITECHAPEL

As I wandered into the Whitechapel Art Gallery
it occurred to me that I wasn't really open
to all matters visual.

Disturbing installations
made me hurry towards the exit;
likewise the unattractive mixed media.

As I left I translated the place name,
situated in East London,
to Gaelic.

Séipéal Bán

Is mé ar seachrán i ndánlann Whitechapel
rith sé liom nach raibh mé oscailte
do gach ní físiúil.
Chuir na suiteálacha clostrealaimh,
nach raibh tarraingteach in aon chor,
deifir orm brostú i dtreo an dorais.

Mar an gcéanna leis na píosaí
meánmheasctha, gan gleoiteacht
ar bith ag baint leo.
Is mé ag imeacht d'aistrigh mé
logainm na háite
A bhí suite in oirthear Londain
go Gaeilge.

Massage

The women I meet in the *hamam*
do not strike a friendly note; probably
hate westerners prancing around half naked
in front of their men. They dislike it when their men

put their hands on our skin; we very much like
their mens' hands as we stretch on white marble;
olive soap from the mountains being lathered on us;
the bubbles of our minds melt. *Hamam* men whiten

us with soft suds on silken beds, then they jump up
on marble so as to reach each crevice,
they request, 'Turn lady'. Nothing further
is needed; we feel their fingers on our thighs

but when they touch our stomachs we almost fall
through marble; attempt to direct our thoughts
to gigantic rock formations at the seafront,
beautiful cliffs, pomegranate trees

that grow across the street, orange trees.
I would like to stretch my fingers in the direction
of their fruit and pick one. I turn to check
if God is seeking renumeration for the fruit.

Sun wakes me at seven and the temperature rises,
a soft breeze slips over my body.
You would only see tourists lying out in this heat.
Arid land behind us; the shopkeeper tells us

that if you are lucky you may succeed
in growing things on the mountainside;
not so, nearer the sea. The waves that break
on sand could not care. I wonder

Suathaireacht

Níl na mná a gcasaim leo sa *hamam*
róchairdiúil, measaim, b'fhéidir gur olc leo muidne
ó thuaisceart na hEorpa ag damhsa thart beagnach nochta
os comhair a bhfear. Ní maith leo nuair a chuireann a
gcuid bhfear a lámha orainne.

Taitníonn lámha a bhfear go mór linn
is muid sínte ar mharmar bán,
gallúnach déanta as ológa
a fhásann ar thaobh na sléibhte,
á cur orm, súilíní ár n-intinne ag leá.

Bánann siad muid i mbubailíní boga,
ár leaba shíoda gan amhras
Léimeann fir suas ar mharmar go mbeadh
siad in ann gach cuid dár gcorp a chuimilt;
iarrann siad orainn casadh; *Turn Lady*.
Ní gá a thuilleadh; airímid a méaranna
ar ár gcolpaí ach nuair a chuireann siad lámha

ar an mbolg nó an brothallach is beag
nach dtéimid tríd an marmar!
Déanaimid iarracht ár smaointe
a dhíriú ar na creaga móra
ar thaobh na farraige, muiraill ghalánta,
crann pomagránaite ag fás trasna na sráide,

crann oráistí le mo thaobh; is aoibhinn
liom mo mhéara a shíneadh i dtreo na dtorthaí
agus ceann a phiocadh, casaim siar
go bhfeice mé an bhfuil Dia ag bailiú cíosa

ach níl. Dúisíonn an ghrian mé ag a seacht
ardaíonn an teocht go dtí daichead céim

at an ancient ship afloat;
another boat speeds to shore.
The workers of the *hamam* still slide their hands
up and down; we imagine ourselves part

of their harem or they are our slaves;
their skin the colour of olives, magic
in their hands. We walk quietly
to the massage room; a narrow bench apiece;

we stretch on the table before them:
'Yes, Lady?' is the question they pose.

faoi mheánlae. Thíos ar an trá leochan bog
fuar ag sleamhnú thar mo chorp;

ní fheictear ach turasóirí ina luí faoin ngrian.
Dúiche loisní taobh thiar dínn;
deir fear an tsiopa go bhfásann nithe
ar thalamh sléibhtiúil má bhíonn an t-ádh leat;
ní bhíonn sé amhlaidh i dtreo na farraige,
nach cuma leis na tonnta a bhriseann ar an ngainneamh,
déanaim iontas faoin long ársa ar snámh,

tagann bád isteach chun cuain faoi luas.
oibritheoirí an *hamam*
fós ag sleamhnú a lámha suas agus síos;
samhlaímid go bhfuilimid inár mbaill
dá *harem,* nó iadsan mar sclábhaithe againn.

Craiceann fhir an *hamam* ar an dath céanna
leis na hológa
draíocht acu ina lámha.
Siúlaimid go ciúin chuig áras na suathaireachta;
seomra cúng an duine againn,
luímid ar na boird os ár gcomhair,
Yes Lady? an cheist a chuirtear orainn.

North Wind

I had strayed from my path
when first I spied
the Hag of Beare,

stretched asleep,
though a cold north wind
was blowing

that would set briars
and brambles dancing.
I took the coast road

and the Hag was not
a welcome sight
after my six hour drive.

I immediately sensed
she controlled the sea,
the dead, my fertility.

Suddenly she awoke
and drummed up a hurricane;
isn't she storm's wife?

Later she chased animals
and bewitched them;
I saw a horse

stretched on the grass, in fits,
white butterflies
started to fight, mid-flight,

An Ghaoth Aduaidh

Ar strae a bhí mé
nuair a leag mé súil
ar an gCailleach Bhéarra,

í sínte ina suanchodladh
cé go raibh gaoth gharbh
aduaidh ag séideadh

a chuirfeadh na sceacha
is na driseacha ag rince,
ghlac mé bóthar an chósta

is ní raibh cuma róbheannaithe
ar an gCailleach tar éis dom
sé uair a chaitheamh ar an mbóthar

ach bhraith mé í láithreach
ag cur smachta ar an bhfarraige,
ar mo thorthúlacht is ar na mairbh.

Go tobann dhúisigh sí
is chruthaigh sí spéirling,
nach bean na toirní í?

Ar ball chuaigh sí ag tóraíocht
ar na hainmhithe is chuir sí
a cuid draíochta orthu uile;

chonaic mé capall sínte ar an bhféar
sna taomanna, thosaigh féileacáin bhána
ag tabhairt sonc dá chéile i mbun eitilte.

crows sang beautiful melodies
which filled the air.
Even though Summer is here

the Hag reigns;
a wolf as her horse.
She only has one eye

in the middle of her forehead
but it's as sharp and as bright
as Winter Sunshine.

My womb bleeds,
I feel kinship between myself
and the Hag.

I imagine our genealogies
hark back to *Aed,*
the one-eyed God

of Celtic lore,
also known as the sun.
The Hag; daughter of the sun,

I see her mark everywhere I look.
If I had her wand,
this Summer would be eternal.

I would not let frost settle
on the bare ground.
But she is my foster mother;

Thosaigh na préacháin ag ceol,
a nguthanna áille
ag líonadh na spéire

Cé go bhfuil an samhradh linn
tá an Chailleach fós i lár réime,
mac tíre aici mar chapall.

Feicim nach bhfuil ach súil amháin
i lár a héadain ach í chomh géar
le réalta ag titim ag grianstad an gheimhridh.

Tá cneá im bhroinn ag sileadh fola,
airím gaol eadrainn
mé féin agus an Chailleach Bhéarra,

tuairim agam go dtéann
ginealach na beirte againn
siar go 'hAed', seandia na gCeilteach,

Aed, an dia ar leathshúil
Nó an ghrian féin is léir,
Is í an Chailleach iníon na gréine.

Feicim a rian chuile áit,
dá mbeadh a slaitín draíochta im ghlac,
bheadh sé ina shamhradh go deo,

ní ligfinn di aon sioc
a chur ar an talamh lom,
ach is í mo mháthair altrama

her sharp eye
takes all before her;
she moulds landscape.

I adjourn to her home in Armagh,
where my only son lives.
I wish to drink

from the well of youth
that is hers
since the beginning of time. The Hag.

I will make cheese with milk
from her herd;
daughter of the mountain,

daughter of the sun,
forgive me my sins;
My final days are yours.

a súil ghéar ag cur is ag baint
gach a bhfuil romham amach fad is atá
an dreach tíre á chruthú aici .

Mise ag triall ar a teach in Ard Mhacha,
Áit is ann do m'aonmhac,
Teastaíonn uaim ól ó thobar na beatha

Gur léi é ó thús ama. An Chailleach.
Ansin dhéanfainn cáis as bainne
A cuid beithíoch, a iníon an tsléibhe,

a iníon na gréine
maith dom mo chuid fiach
is leatsa m'fhómhar deireanach.

Things I Like

Autumn leaves,
old buildings,
running my fingers along spines
of books,

discovering museums,
art,
ebb of music,
jazz when dreaming.

Landscape with birdsong,
sitting in sunshine,
some outdoor café
on the cobbled streets of Madrid;

lost in Spanish history.
Learning new words,
if I have any of these
I forget to eat.

Rudaí a Thaitníonn Liom

Duilleoga an fhómhair,
seanfhoirgnimh,
mo mhéar ar dhromchla leabhair,
ag teacht ar iarsmalann,

Ealaín,
preabaireacht cheoil
le rithim do chroí,
snagcheol is mé

ag brionglóidigh,
radharc tíre ag crith le ceol na n-éan.
Ag suí i bhfoscadh do ghréine,
bialann lasmuigh

ar shráideanna duirlinge Mhadrid,
caillte i stair na Spáinne,
ag foghlaim béascna úire;
ach aon cheo mar sin agam,

ní bheidh bia de dhíth.

Rainsong

When rain falls a melody loops
this grey sky into music;
it pretties the landscape,
glistening in its own pastels

and turns the page to another day,
times when nothing else could.
I lap up its nourishment
its sequence forms pictures

like a rosary
when I was too young
to have my own words.
In soft rain I see my grandmother's face;

smiling, black and white
fading to colour and hens at her feet.
Her leather bootees
were lined with fur, indoors her prayer-book

listened in its brown coat, bulged
with words and pictures, memorial cards,
the letter she received from her son
who had been missing in action in Korea.

I remember he wore a fur hat like Brezhnev.
The whistle of the kettle on the range
keeps time with my prayer, the rain,
as turf burns its silence in ashes.

Outside the apple trees hold up their arms
and give away names of their leaves.
I wander through grass wondering which berries
to eat and trip over mushrooms and dock-leaves.

Amhrán na Fearthainne

Nuair a thiteann an fhearthainn
iompaíonn sí ina ceolfhoireann;
í ag dathú tírdhreacha timpeall uirthi
is ag casadh i dtreo lá nua,

amanna nuair a theipeadh
ar rud ar bith eile.
Slogaim siar a maitheas
is ritheann íomhánna áirithe liom

mar a bheadh an paidrín ann
is mise ró-óg chun mo chuid focal
féin a chur orthu. Sa bhfearthainn bhog
feicim aghaidh mo mhamó;

meangadh uirthi, chuile ní dubh nó bán
íomhá ildaite. Í sa chlós i measc na gcearc
buataisí leathair le líneáil fionnaidh uirthi;
lasmuigh d'éist a leabhar urnaithe

go cúramach is é líonta le pictiúir,
cártaí cuimhneacháin, litir a fuair
sí óna mac a bhí ar iarraidh san Chóiré.
Is cuimhin liom é ag caitheamh hata

Rúiseach cosúil go maith le ceann Brezhnev.
Feadaíl an chitil ar an sorn ag coinneáil ama
leis an bhfearthainn, m'urnaí,
Lasmuigh ardaíonn na crainn a ngéaga

is éalaíonn ainmneacha a nduilleog uathu,
mé ar seachrán tríd an bhféar ag tomhas
cé acu caora ba chóir dom a ithe
is baineann na muisiriúin is na copóga tuisle asam.

The rain points the way to ancient crockery
and clay pipes that were *dúidíní*
to those who knew each stone wall,
each hiding place in the cut-away bog.

Taispeánann an fhearthainn an tslí
chuig potaireacht ársa is dúidíní,
chucu siúd a d'aithin gach balla cloiche,
gach áit bheo sa phortach creatha.

Journey to Ephesus

We breakfasted at Lake Bafa
our handsome guide's name was Guven,
giant skeletal remains on the roadside

or Exox Lucius to give it a correct title.
Beauty in the white cliffs,
a man dragging a net.

In a fishing village small islands
swerved closer to the coastline,
our guide explains about the kingdom of Caria

in which Bodrom was its capital.
Post earthquake Ephesus no longer
situated on the coast,

nothing lasts forever.

Ar an mBealach go hEphesus

Stopamar ag Loch Bafa don bhricfeasta.
Guven an t-ainm ar an treoraí turais gleoite,
Creatlach oll liús ar thaobh an bhóthair

nó *Esox Lucius* as Laidin.
Cuma ghleoite ar aillte bána,
fear ag tarraingt lín

isteach i mbád beag iascaireachta;
na hoileáin bheaga ar seachrán
níos gaire don chósta.

Insíonn an treoraí dúinne
faoi ríocht Caria
ina mbíodh Bodrom mar phríomhchathair.

Tar éis crith talún ní raibh Ephesus
suite ar chósta a thuilleadh.
Ní bhíonn aon ní mar ní seasta.

LIBRARIAN

There was excellent companionship
as the night raved and screamed,
the floor of the boat house warped,
glasses came and went with bustle.

Choking beauty all around;
for every man a woman,
and each woman a man,
unknown to themselves.

Pheromones palpable, a twist
in every tale, two tellings
for each poem, until he turned
and questioned me:

'and what about yourself the poet,
haven't you anything to relate?'
I was forced to explain
so as stories are released, poems
seek a deeper hiding place.

I returned home
with a story of my own.

An Leabharlannaí

Comhluadar den scoth
a bhí ann, oíche ag réabadh
is ag siosarnaigh, urlár na háite
ag lúbadh, gloiní ag teacht
is ag imeacht le fuadar.

Gleoiteacht do do thachtadh;
bean ag gach fear,
fear ag gach bean, i ngan fhios
dóibh féin. D'fhéadfá fearamóin
a bhrath san aer, casadh ag gach scéal
dhá inseacht ag gach dán,

gur thiontaigh sé thart
is chuir sé ceist orm,
céard fút féin, an file,
nach bhfuil scéal ar bith agat?
Mhínigh mé dó go scaoiltear
na scéalta ach go dtéann dán i bhfolach
níos doimhne istigh, ní mar a chéile iad.

D'fhill mé ar an teach le scéal.

iPhone 4

By God I love it
my new iPhone 4,
it tells me where I am situated
I'm not sure if it's masculine or feminine

but since it's good with directions
I baptise it with a boy's name.
You can find anywhere
by touching the map app.

There are apps
for pretty much everything.
I tell lies to the app for weight loss,
the ideal weight app.

Most are free, thanks be to God
for my iPhone four;
the sweetest apple I've tasted
so far.

iFón Úll a Ceathair

Ambaist is aoibhinn liom
mo iFón nua, úll a ceathair.
Insíonn sé dom cá bhfuilim,
nílim cinnte an firinscneach

nó baininscneach é/í
ach sa chaoi go bhfuil sé
maith chuig treoracha
baistim ainm buachalla air.

Aimsítear eolas do shlí
le brú ar léarscáil *app*
is tá *app*annaí le haghaidh
chuile ní, insím bréaga do cheann

a d'íoslódáil mé le meáchan
a chailliúint, *ideal weight*
is ainm di. Cuid mhaith acu
is *app*annaí saora in aisce iad,

buíochas mór le mac Dé;
iFón a ceathair –
an t-úll is fearr a bhlais mé
le tamall fada.

On his Way

The old Muslim
who carries a water bucket on his head
can just about drag his legs.

He wears a hat that reminds me of my father,
old britches, old shirt, old grey vest.

He walks against the sun
on his way to the mosque.

Ar a Bhealach

Is ar éigean atá an seanmhoslamach
a iompraíonn buidéal beag uisce ina lámh
in ann a chosa a tharraingt leis.

Caipín air a chuireann m'athair i gcuimhne dom,
a sheanbhríste,
a sheanléine.

A sheanveist liath,
é ag imeacht in éadan na gréine
ar a bhealach chuig an mosc.

Above my Bed

Birds' nest on the shelf,
they have little regard
for the myriad of books.
I'm unsure if these birds are literate,

perhaps they're traditional birds
without formal education
but a shared heritage,
steeped in tradition.

If they possess a language one could argue
it was not book learned.
I have not heard bickering
from these birds, just dawn chorus.

The rain beats on the window pane,
sea is hidden under a blanket of cloud,
unnatural horizon line is created

by the field furthest from the house.

Os Cionn na Leapa

Neadaíonn éin ar an tseilf
os cionn mo leapa,
ní thugann siad aon aird
ar na céadta leabhar

taobh leo. Nílim cinnte
an bhfuil léamh nó scríobh acu.
B'fhéidir gur éanlaith 'phobail' iad
ar bheagán oideachais fhoirmeálta

cé gur láidir a gcuid oidhreachta
is gach nós is traidisiún ar eolas acu.
Má tá teanga ar bith acu
ní fhéadfá a rá gur teanga an leabhair í.

Níor chuala mé riamh aon argóint
ó na héin, ní dhéanann siad dom ach ceol,
ceiliúr na camhaoire ar maidin
is gliográn na fearthainne go seasta

ar an bhfuinneog. Tá an fharraige
faoi cheilt ag néalchruth liath
is léaslíne mhínádúrtha déanta
as na páirceanna is faide ón teach.

TWILIGHT

Mountains across the bay
fade into the afternoon,
there is magic in dusk;

night overcomes day.
Later the clouds
will be the same shade as the peaks

and will pale in the distance.
A lighthouse casts its own twilight
on water.

Waves, that break on rocks,
have their own rhythm.
Tide has receded

and fishing boats nose the wind.
A beautiful day in west Cork
slides away but I hear dawn's chorus

even at the close of day.

BREACSHOLAS

Tá na sléibhte trasna an chuain
ag dul i léig sa tráthnóna,
draíocht le brath sa chlapsholas

is an oíche ag fáil an lámh in uachtar
ar an lá. Ar ball beidh na scamaill
ar aon dath leis na beanna,

is cuma orthu go bhfuil siad
i bhfad i gcéin. Tá teach solais
ag caitheamh a bhreacsholais féin

ar an uisce os mo chomhair,
rithim ar leith ag na tonnta
ag briseadh ar na carraigeacha.

Feicim an taoide ag trá
is na báid iascaireachta
ceann le sruth,

an lá aoibhinn seo in iarthar
Chorcaí ag sleamhnú uaim,
ach cloisim giolcadh an ghealbhain

fiú ag titim na hoíche.

Shadow on Water

From the church door
a yellow light shimmers;
inside there is a green lake

where the altar once stood
and no one misses
it, for one reason or another.

In the centre of the lake
grows an oak,
almost as high as the roof.

Amongst its branches,
a robin nests,
it spends its day singing psalms of praise;

giving thanks for our lives
and the yellow iris
on the banks of the lake.

It shines as bright as the sun
at the base of the tree
lives the moon: you see its shadow on water

at night, whether stars
appear or not;
a steadfast light shines.

Scáth ar Uisce

Ó dhoras teampaill
feicim solas buí ag lonrú,
laistigh ann tá linn ghlas

san áit ar sheas an altóir,
is ní airíonn éinne uathu í
ar chúis amháin nó cúis eile.

I lár na linne
fásann crann dara,
beagnach chomh hard leis an díon.

I measc a chraobhacha
thóg spideog aonarach nead,
caitheann an spideog an lá ag ceol;

iomainn mholta do dhia éigin,
ag fógairt ár mbeatha
is an feileastram buí

ar bhruach na linne
atá chomh geal leis an ngrian.
Ag bun an chrainn

tá cónaí ar an ngealach,
is feictear a scáth ar an uisce
i rith na hoíche,

is cuma má bhíonn réalta
le feiceáil nó muna mbíonn,
solas seasta a lonraíonn.

Beard

I don't know exactly
where I met my ex-student
who used to study medicine

somewhere between his half-drunkeness
and the Orient,
he wore a black beard

and his eyes were fierce.
He sent me daggers.
I remembered him yesterday

among the crowds
at the temple of Artemis.

Féasóg

Níl a fhios agam go díreach
cá háit ar chas mé le hiarmhac léinn
ar theastaigh uaidh leigheas a dhéanamh,

áit éigin idir a leathmheisce
is an domhan thoir; féasóg fhada dhubh air,
a shúile níos fíochmhaire tar éis mé a fheiceáil,

iad á gcur tríom. Chuimhnigh mé air inné
nuair a bhí mé i measc na sluaite
ag suíomh theampall Artemis.

In the Shade

I see the taxi driver
taking shade
beneath the pomegranate tree

his cab was the other side
of the street,
its doors ajar.

He barely noticed me
as he called us
when we walked past,

blissfully unaware
of how little
we had journeyed.

Faoi Chrann

Cím fear an teacsaí
ina shuí faoi chrann;
crann pomagránaitc

a bhí ann, measaim,
a ghluaisteán trasna an bhóthair
is na doirse ar oscailt.

Is ar éigean go bhfaca sé mé
sular ghlaoigh sé orainn
is muid ag spaisteoireacht thairis;

caolsheans go mbeadh a fhios aige
gur fíorbheagán taistil
a rinneamar.

TEARS OF LEAVES

I feel a green light
from the tree
and sit in its shade.

South wind blows;
it dries tears of leaves
that fall beneath

on coloured fabric
that is scattered
at its base.

Birdsong shades
this carpet,
moon wipes tears
from leaves.

Deora Duilleog

Airím solas glas an chrainn
is suím faoina scáth,
séideann gaoth aneas

a thriomaíonn deora na nduilleog
a thiteann ar an talamh,
ar an éadach ildaite

scaipthe ar bhun an chrainn.
Ceol na n-éan a dhathaigh
an bhratach sin.

Bhain solas na gealaí
deora na nduilleog.

Ember

Volcanic glow of evening sky
creates an unusual twilight;
orange clouds taper to white,

everything is silver lined
except golden horizon
which gilds the music of waves.

Two figures don't hold hands
as they walk the line
of the promenade;

my eyes averted I examine
fading light,
sun sinking behind

a volcano,
another ember
falls.

Cnámhóg

Solas bolcánach á astú
thar an oileán seo
ag cruthú clapsholais chleití

is mé ag breathnú amach
thar scamaill oráiste
ag órú fhuaim na dtonn

trá duirlinge is foirgnimh
na spéire ar dhath an airgid.
Ní bheireann an bheirt

lorgaire greim láimhe
ar a chéile is iad ag siúl
ar an ngaineamh tirim.

An ghrian ag dul in éag
taobh thiar den bholcán
is titeann cnámhóg eile ar thalamh.

At Bodegas Borreto

We were greeted by Lorenzo the parrot,
en route we traversed the most fertile
part of the island, hard, black, stone walls
formed horse shoe shapes to protect vines.

We toasted the sights we had already viewed,
my companion poured a whole vine into his glass
and swallowed, palm trees our blinkers. We followed
souvenirs from cards to golden jewels,

on the feast of the Epiphany we were Magi
on our lonely journey, spending Women's
Christmas dining in the desert.

Tigh Bodegas Borreto

Chuir Lorenzo a bpearóid
liath Afracach fáilte is fiche romhainn,
lorgaíomar eolas na háite

is dúradh linn faoin gcaoi
a gclúdaíonn carraigeacha bolcánacha
an ithir is fearr ar an oileán,

fallaí cloiche crua ar chruth crú
chapaill ag ceardú na n-imlínte;
múnlú ar leith iad chun an fhíniúin a chosaint

is phléamar na radharcanna
a bhí feicthe againn ar an mbealach.
Chuir cara liom fíniúin iomlán

ina ghloine is shlog sé siar í,
na crainnte pailme mar dhallóga orainn
is muir ag dul ó chárta poist go seodra órga.

Mheasamar gur Magi de shórt muid
ar ár dtriall go haonarach
oíche Nollag na mBan sa bhfásach.

Winter's Arrival

I wish to go out into the woods
to gather timber for Winter,
taste the scent of wet earth.

I see the lonely shadow
of cattle heading for the byre at twilight
when they would much prefer to be out hunting.

The last of the crew went to sea last night
and promised he would not return without Niaid,
I gathered as much honey and wool as I could

and stowed it away in the box
in which resides Eos, Goddess of morning,
sometimes sacrifice is a necessary evil.

Teacht an Gheimhridh

Ba mhian liom dul amach sa choill
ag bailiú adhmaid don Gheimhreadh
boladh a fháil den ithir fhliuch fhuar
is í a bhlaiseadh im scamhóga

ach feicim scáth iargúlta na mbó,
is ag titim na hoíche á dtógaint chuig an gcró
cé gurbh fhearr leo a bheith ag cogaint círe
ná rud ar bith eile.

Chuaigh an duine deireanach den fhoireann
chun farraige aréir is gheall sé
nach bhfillfeadh sé arís gan Niaid
a bheith aige; Bhailigh mé an oiread

meala agus olna is a bhí mé in ann
greim a fháil orthu is chuir mé i dtaisce
iad i mbosca ina bhfuil cónaí ar Eos:
uaireanta teastaíonn ainmhí íobartha.

Amongst Us

I write between lines that do not exist,
on the margin of blank pages,
in books, as yet unpublished,

and I feel as if amongst friends
in this phantom country in which I live,
forever in the shadow of the dead.

Others of my acquaintance
in the neighbouring villages
play music but have no instruments,

compose words
in an ancient language
that lived and declined in another age.

Inár Measc

Scríobhaim idir línte nach ann dóibh
ar imeall leathanach bán
i lár leabhair nár foilsíodh

is airím go bhfuilim i measc cairde
sa tír thaibhsiúil seo ina mairim
ár laochra neamhbheo inár dtimpeall,

daoine eile ar m'aithne
sna sráidbhailte taobh liom,
ag seinm ceoil gan uirlisí

ag cumadh focal
i dteanga chasta a d'éag
i mílaois éigin eile.

FINN

I happened on his cave by accident,
sun shining through a skylight,
a place apart,

his great age engraved on his face
but there was no holding back
in how he greeted his comrades.

First onto battle field and last to leave;
knew where the line was drawn.
Now he sits with his sword at his feet;

he doesn't leave,
not even to go among the hills
to hunt.

Fionn

Trí thimpiste a tháinig mé ar a sheanuaimh,
an ghrian ag lonradh trí scoilt sa díon,
cuma an-éagsúil ar an áit,
an aois mhór a bhí air, greanta ar a aghaidh,

ach gan aon mhaolú
ar an bhfáiltiú
a bhí aige dá chomrádaithe.

Ba é tús catha, deireadh áir,
a fhios aige go maith cá háit
ar cheart aon líne chatha a tharraingt,

ach anois a chlaíomh ar leataobh,
ní théann sé amach
faoi na cnoic i mbun seilge, fiú.

Ruins

Searching the annals
for events which took place
in a different era;

recreating time in old ruins,
playing ancient music,
dancing steps of our ancestors.

Last night I visited my father's place
but found the ruin of a house,
crafted from skin,

as another was shaped below from his bone.

FOTHRAIGH

Téim siar sa stair
ag lorg eolais faoi céard a thit amach
i ré éigin eile.

Am a athchruthú arís i bhfothraigh;
seandamhsa a rince,
seanphort a chasadh.

Inné thug mé cuairt ar theach m'athar,
ach fothrach, déanta as a chraiceann,
is é féin faoin bhfód a bhí ann romham,

fothrach eile le ceardú as a chreatlach.

On Loan

I was taken aback when Deirdre, wife of Naoise,
told me she had my poetry collections
on loan from the local library.

Had she not enough troubles of her own,
in exile with her family,
without being bothered with poetry.

She was well aware what was about to befall,
did she not dream of the slaying of husband and his kin,
not to mention seeing her own name

inscribed in the Book of Death?
She continued to talk about a series of poems
she was composing, there wasn't much else

while on the run in Scotland. I felt the inevitability
of death in what she said and told her this;
returned home to pen a prayer,

storytelling is an intricate business.

Ar Iasacht

Baineadh siar mé nuair a dúirt Deirdre, bean Naoise,
go raibh mo chuid leabhar amach ar iasacht
ón leabharlann áitiúil.

Shíl mé go raibh dóthain trioblóide aici féin,
ar deoraíocht lena clann, gan a bheith buartha
faoi fhilíocht ar bith,

gan trácht ar céard a bhí i ndán di.
Rud a thuig sí go maith,
nach cuimhin léi an taibhreamh faoi shléacht

a dhéanfaí ar a céile is deartháireacha leis,
gan trácht ar a hainm féin a bheith luaite
ar leabhar an bháis?

Lean sí uirthi ag caint ar shraith filíochta
a bhí idir lámha aici; nach raibh mórán
le déanamh is iad ar deoraíocht in Albain.

Mheas mé
go raibh críochnaitheacht an bháis
ag baint leis is dúirt sin léi.

Maireann scéalta ach iad a aithris.

Conán

He is an excellent businessman;
if you have any spare wool
do not pass him.

He always gets the skin and its value.
With the economic downturn
he had to emigrate

to Australia; now when he shears
each year, it's not woollen socks
he creates, but the finest Ugg boots.

Conán Maol

Fear gnó den scoth is ea Conán,
má tá aon ábhar olla uait
ná gabh thairis, faigheann

sé an craiceann is a luach
gan amhras. Leis an gcúlú
eacnamaíochta chuaigh sé ar imirce

chuig an Astráil, anois nuair a lomtar é
ní stocaí olla ach buataisí Ugg
a fhaightear as.

Oisín After the Fianna

A blind old man
without humour,
forever seated at the table
righting wrongs,
saying black was white
to anyone who would listen.

Denying that truth
was important to the old crowd;
as a band of warriors
they lacked courage,
were too bold,
and more often than not,
bewitched.

He does not eat or sup with anyone,
just sits and recites his version of
the stories of the Fianna to himself,
sorrowfully.

Oisín i nDiaidh na Féinne

É ina sheanfhear dall,
liath, gan cumas ann
gáire a dhéanamh,

suite ag an mbord de shíor
ag cur an dubh ina gheal
ar éinne a thugann cluas dó,

ag scéanadh go raibh beart
de réir a mbriathar tábhachtach
don seandream,

gan crógacht ar bith iontu
ach iad ceanndána, rómhisniúil
is rómhinic faoi gheasa.

Ní bhíonn sé sásta ithe ná ól le duine
ar bith ach é ag aithris a leagan
den Fhiannaíocht dó féin go dúchroíoch.

Colette Nic Aodha was born in Shrule, Co. Mayo. She graduated from UCG with a degree in Irish and History and later returned to complete a Higher Diploma in Education and a Masters Degree in Irish. She worked for many years as an Irish language teacher and lecturer. Her poetry is anthologised in the *Field Day Anthology of Irish Literature* IV and IV and *The White Page/An Bhileog Bhán*. She won prizes for songwriting in the Pan Celtic Festival 2013 and in 2014 was on the shortlist for the Colonel Eoin O'Neill Poetry Prize. This is her tenth volume of poetry and she has edited two volumes of her students' work. She has also published a biography of the poet Raftery and a collection of short stories. A poem from her last dual language collection, *In Castlewood ¦ An Ghaoth Aduaidh* was on the 2013 honours Leaving Cert paper. Currently she has returned to NUIG for further studies.

Rugadh agus tógadh Colette Nic Aodha i Sruthar, Contae Mhaigh Eo. D'fhreastail sí ar Choláiste na hOllscoile i nGaillimh áit ar bhain sí céim sa Ghaeilge agus sa Stair agus máistreacht sa Ghaeilge amach. Rinne sí an tArdteastas san oideachas ina dhiaidh sin agus d'oibrigh sí mar mhúinteoir meánscoile agus léachtóir. Tá dánta léi i nduanairí *Field Day Anthology of Irish Literature* IV and IV agus *The White Page/An Bhileog Bhán*. Bhuaigh sí duais amhránaíochta sa bhféile Phan-Cheilteach i 2014 agus bhí sí ar ghearrliosta chomórtas Filíochta an Choirnéil Eoghain Uí Néill 2014. Tá leabhar aici ar Raiftearaí an file: *Raiftearaí, i gCeartlár a Dhaoine San Aonú hAois is Fiche* (Coiscéim, 2009). Chomh maith le cnuasach gearrscéalta, *Ádh Mór* (Coiscéim, 2004), tá naoi gcnuasach filíochta foilsithe agus dhá chnuasach eile in eagar aici. Foilsíodh *In Castlewood ¦ An Ghaoth Aduadh* i 2012 agus cuireadh dán uaidh ar an scrúdú Ardteiste 2013. Faoi láthair tá sí ar ais san ollscoil i nGaillimh ag cur lena hoideachais.